Herbst Prickelbilder

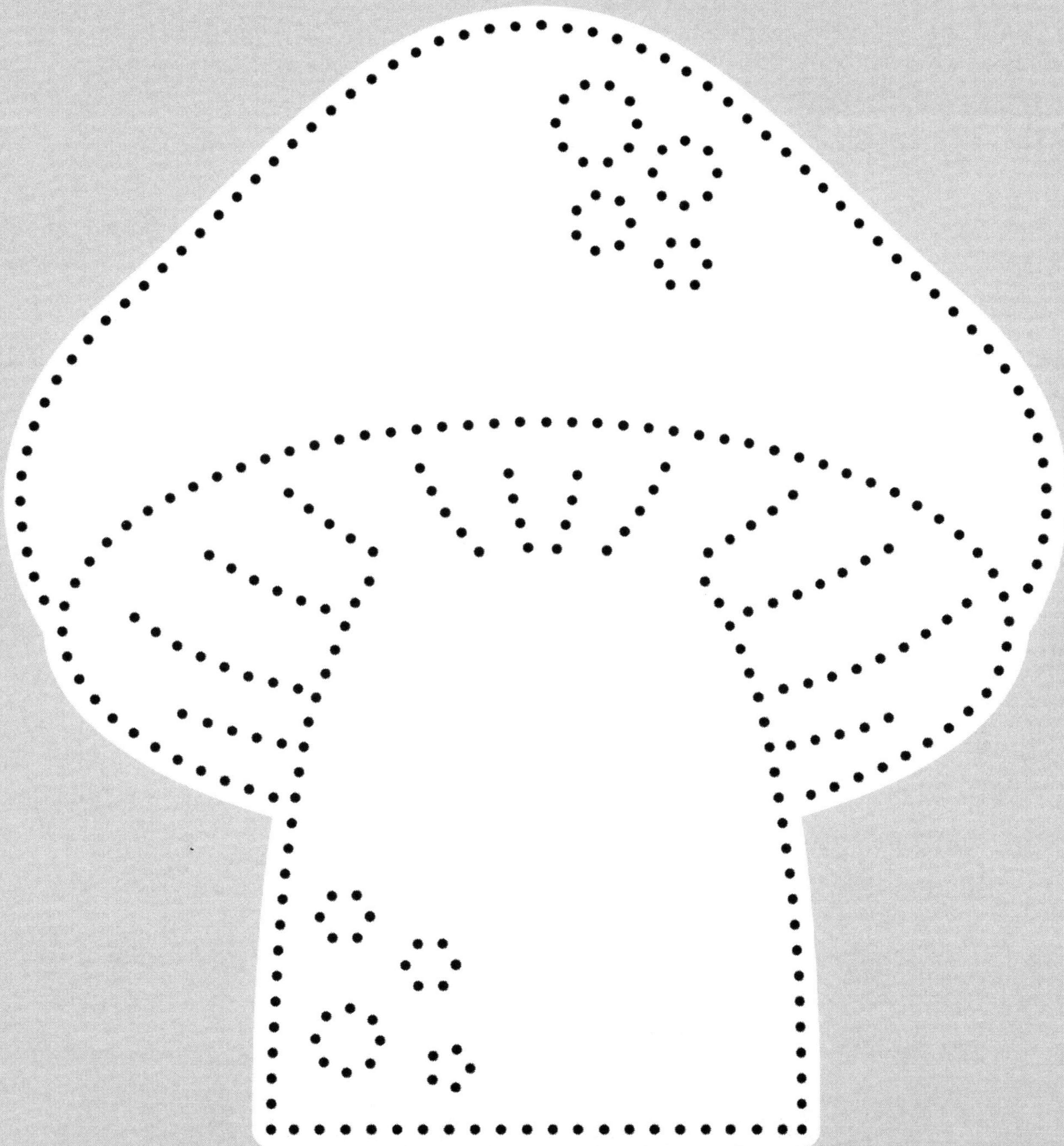

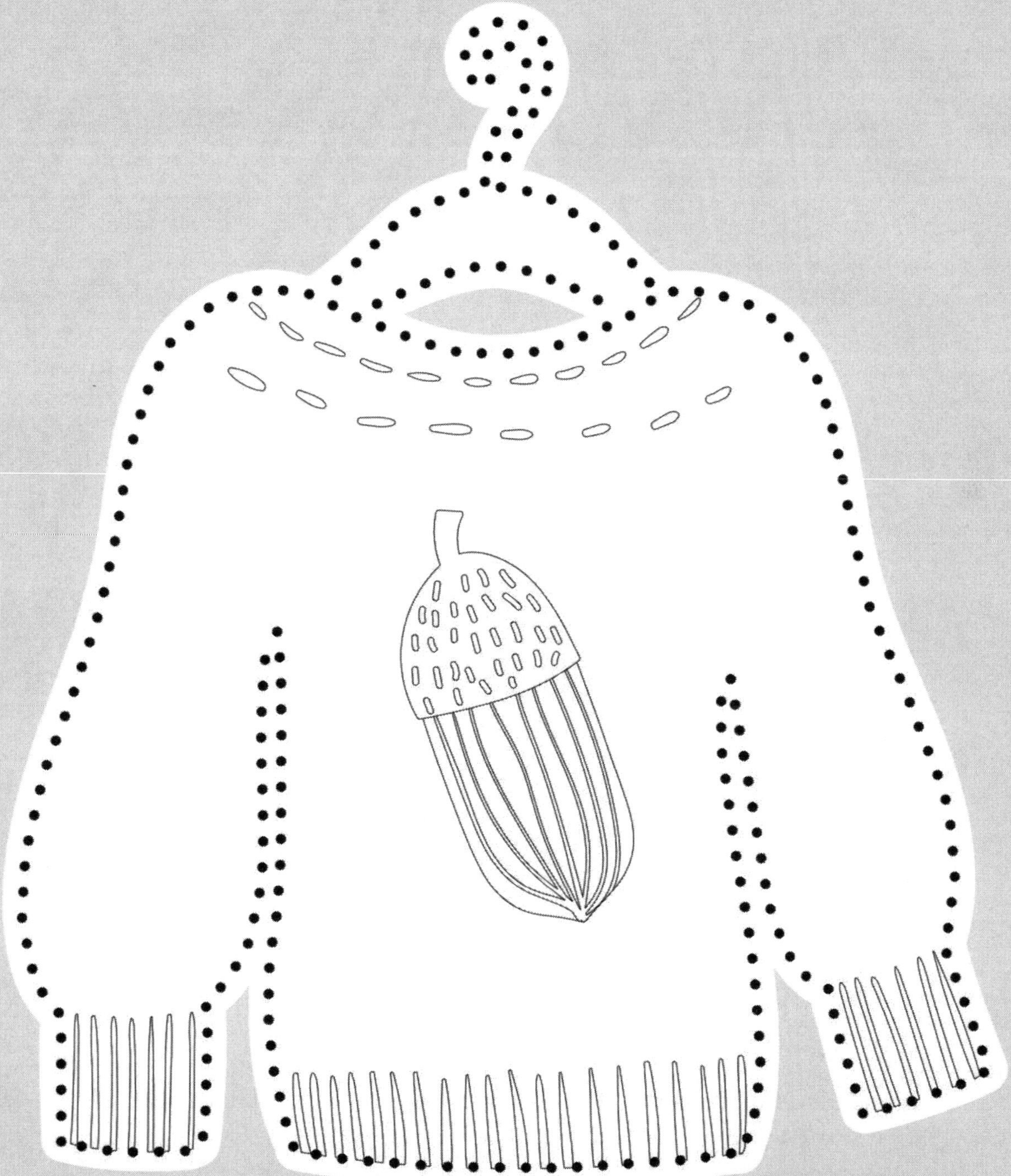

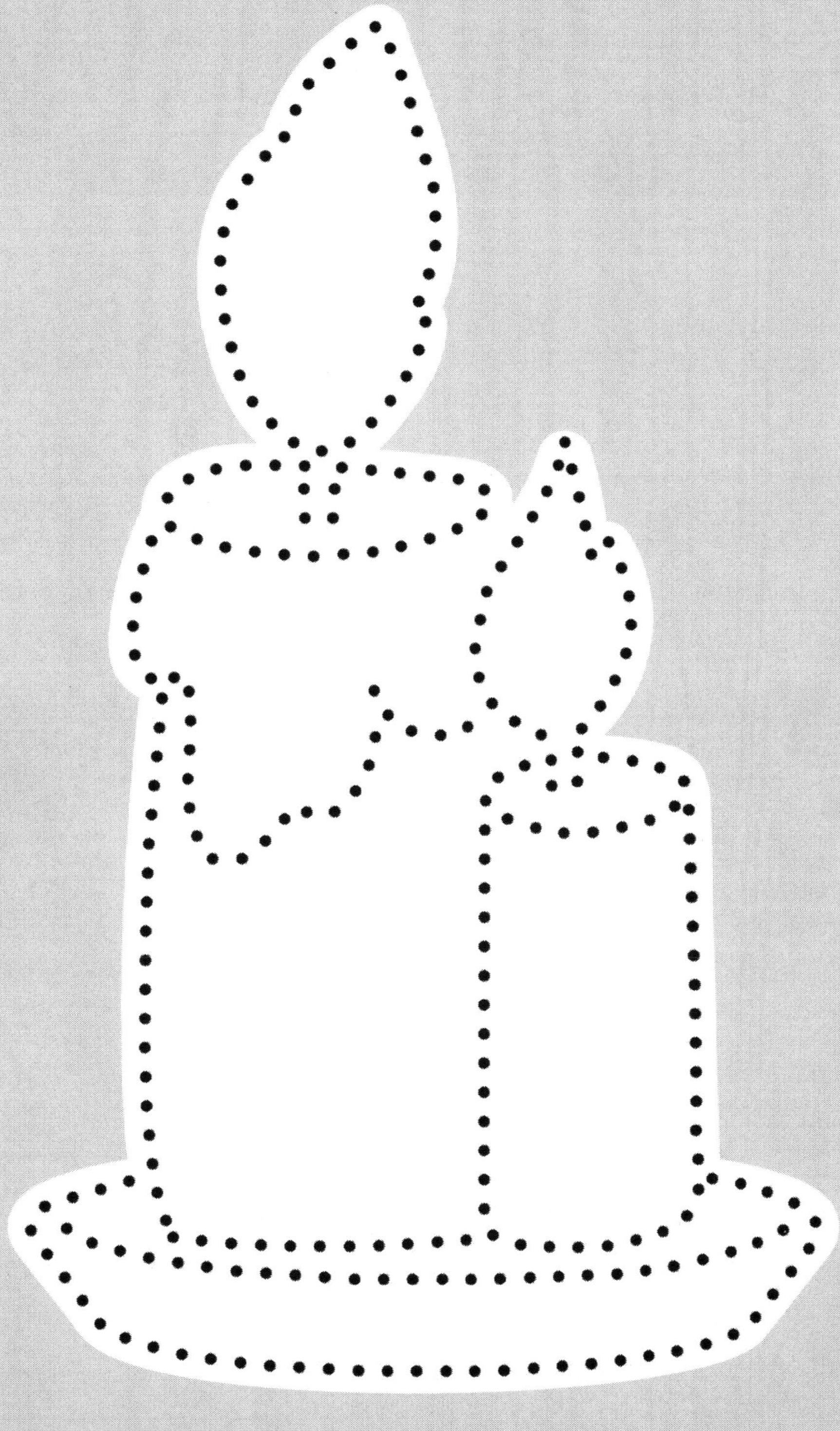

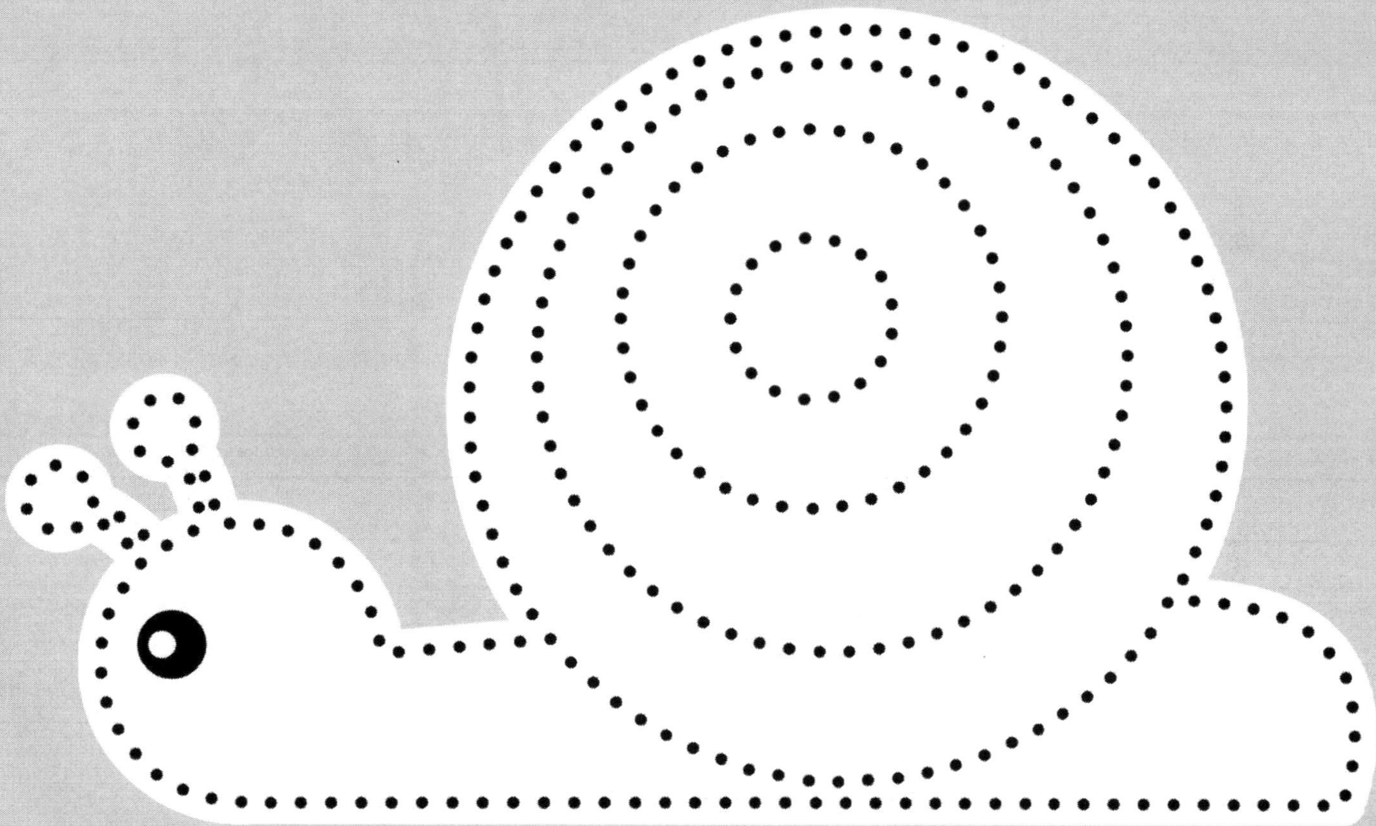

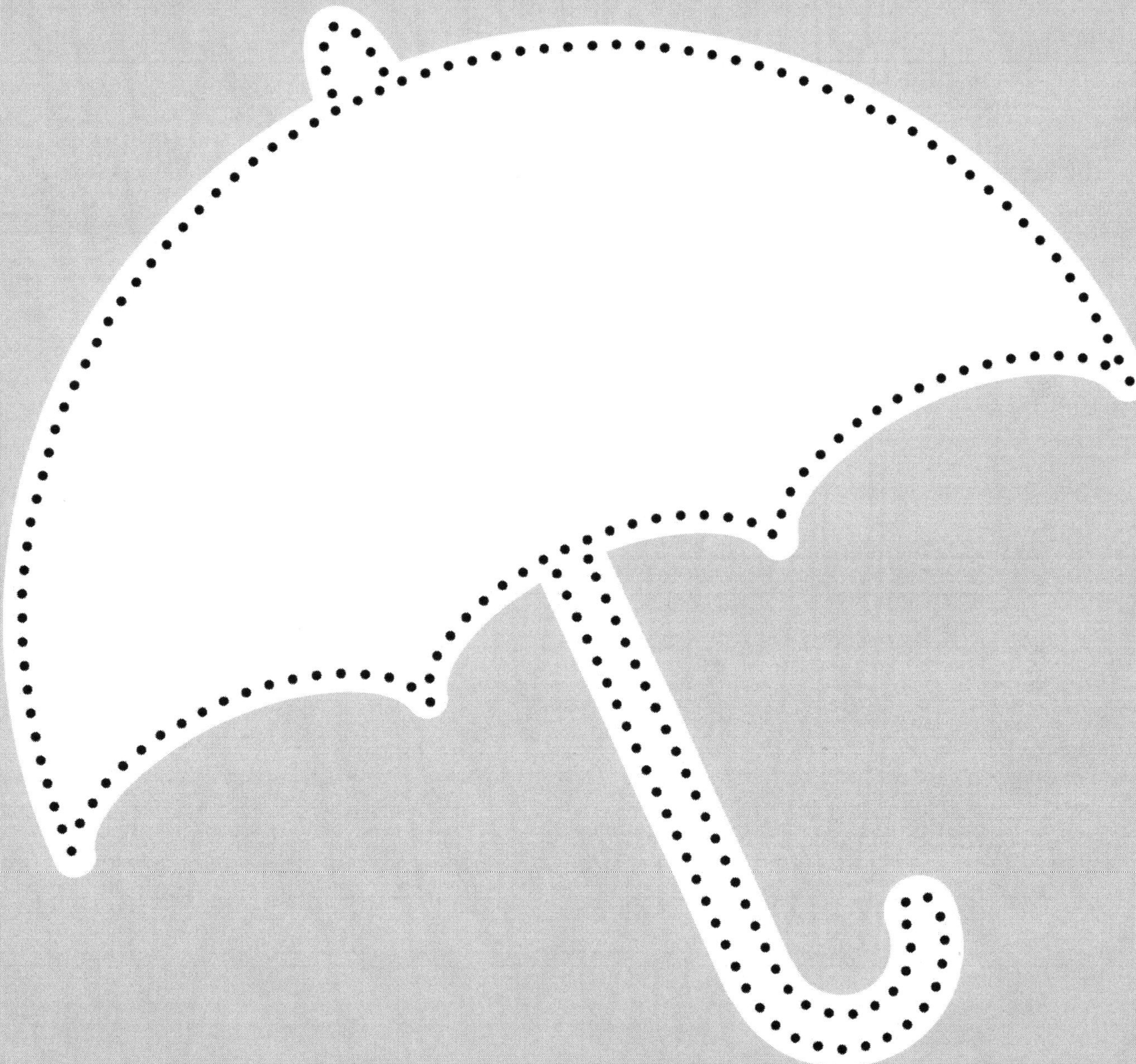

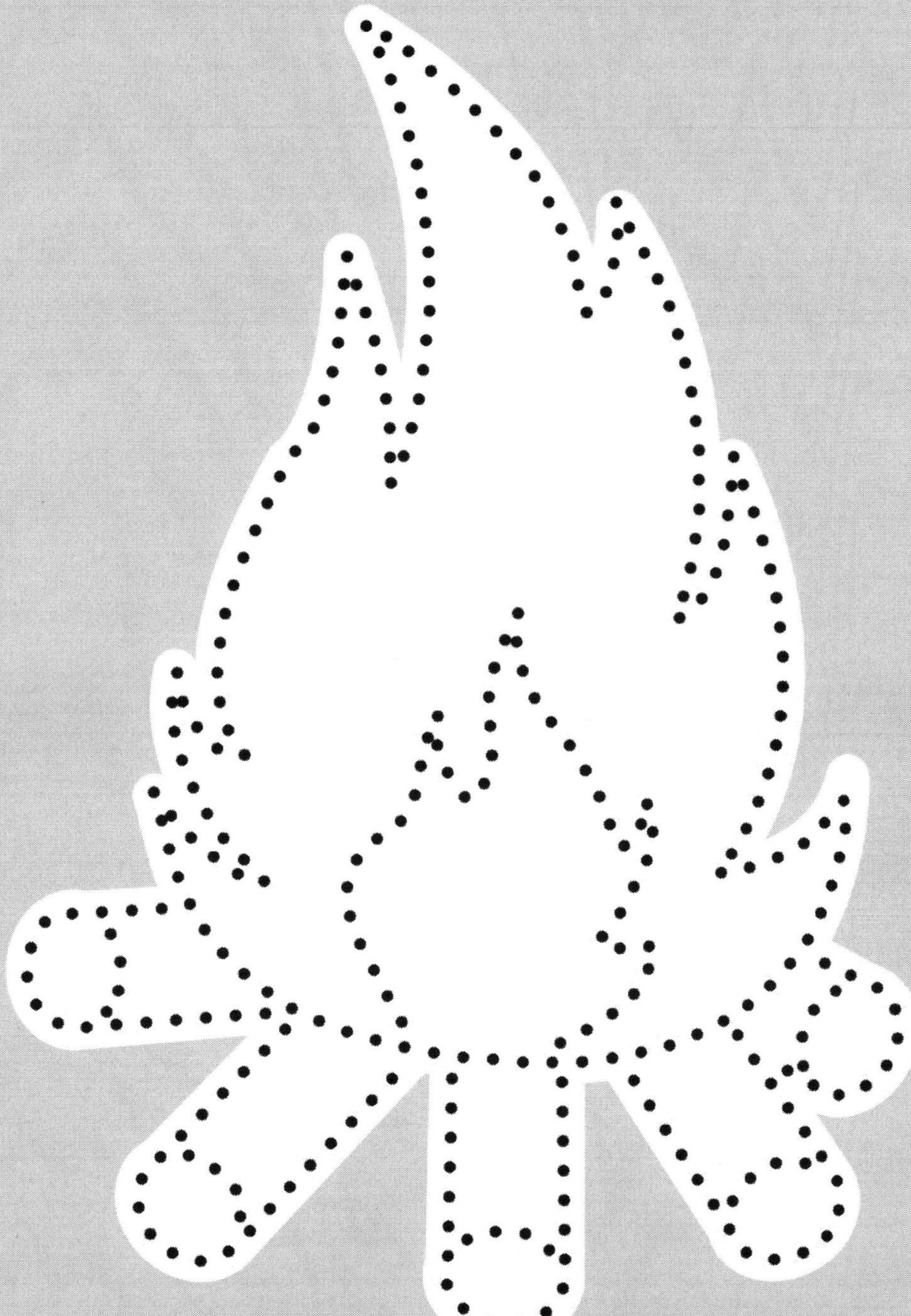

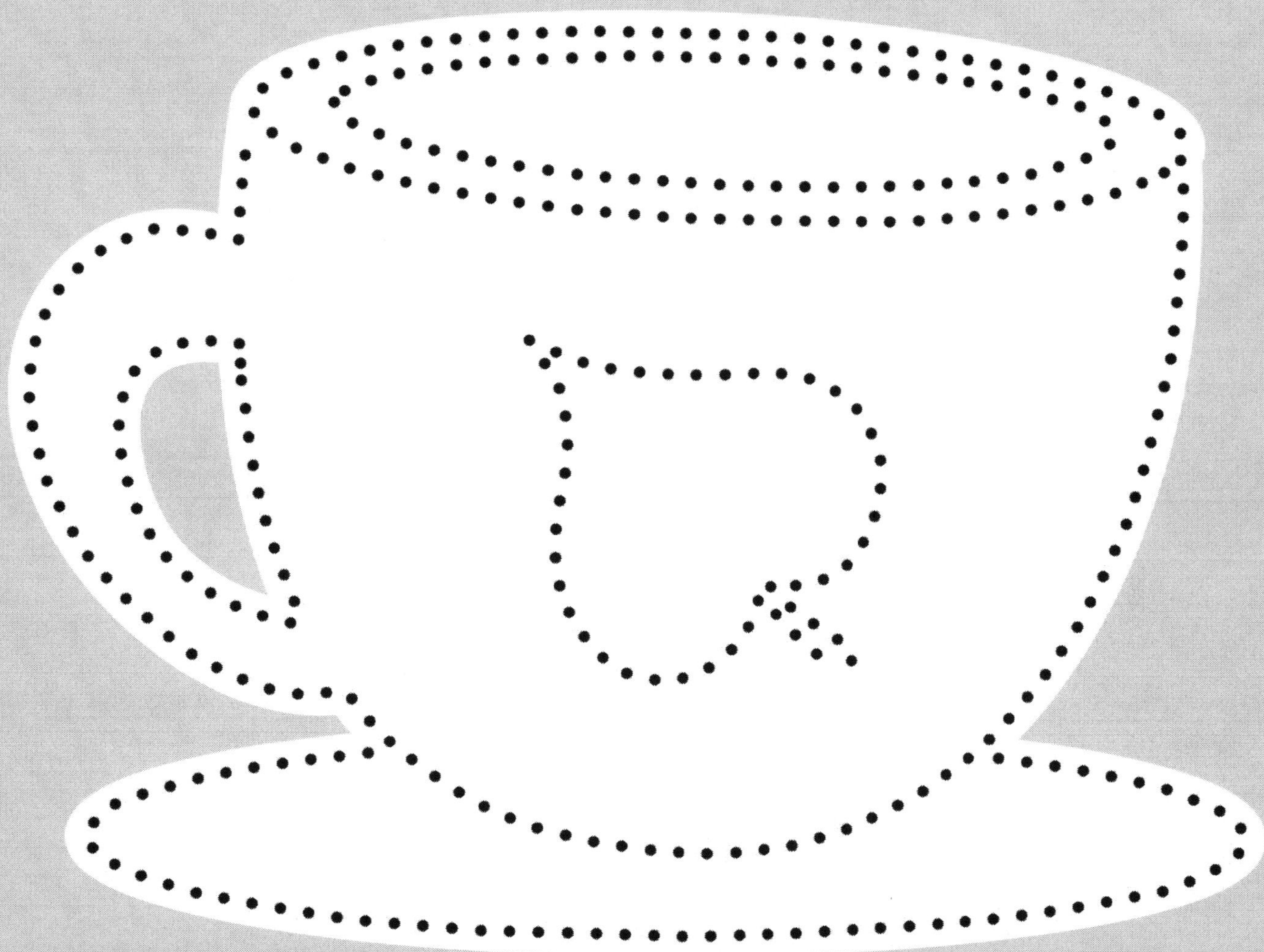
Q

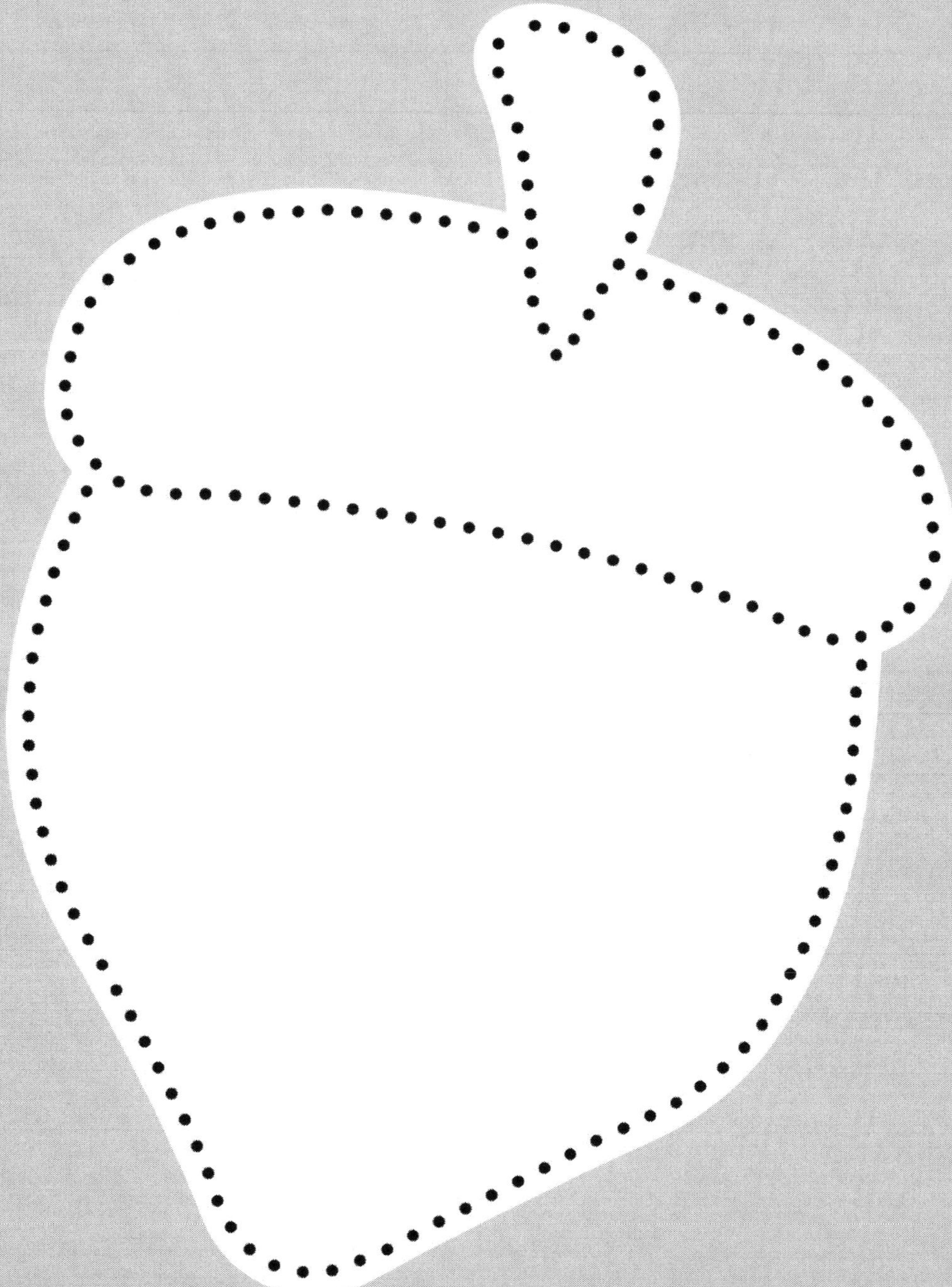

Printed in Germany
by Amazon Distribution
GmbH, Leipzig

24304982R00036